AF243557

LETTRE

D'UN

RÉPUBLICAIN DU LENDEMAIN

Électeur des départements, à ses concitoyens

SUR

LA CANDIDATURE DE LOUIS BONAPARTE

A LA PRÉSIDENCE DE LA RÉPUBLIQUE.

PRIX : 5 CENTIMES.

PARIS

MARTINON, RUE DU COQ SAINT-HONORÉ, 5

1848

Paris. — Imprimé par Plon frères, 36, rue de Vaugirard.

LETTRE

D'UN

RÉPUBLICAIN DU LENDEMAIN

électeur des départements, à ses concitoyens

SUR

LA CANDIDATURE DE LOUIS BONAPARTE

A LA PRÉSIDENCE DE LA RÉPUBLIQUE.

Est-elle donc sérieuse, cette candidature que j'entends crier dans nos campagnes, qui se colporte en brochures, en chansons, en images et en médailles ? Veut-on se moquer de nous ? S'imagine-t-on que tout l'esprit de la France est confiné entre les murs de sa capitale, et qu'il n'y a au delà qu'ignorance ou bêtise ? Oublie-t-on que nous sommes le peuple le plus gai de l'univers ? Nous-mêmes l'avons-nous oublié, et ne savons-nous plus rire ? N'est-ce plus là l'expression de notre bon sens, de ce bon sens si vif et si prompt qui a fait l'honneur de nos pères et assuré dans le monde le crédit de leurs fils? Est-il possible qu'il faille relever cette bouffonnerie et la discuter gravement pour en faire justice?

Je ne suis qu'un républicain du lendemain, comme ils disent à Paris. Il y a longtemps que je voyais venir la démocratie, et je ne m'en alarmais point, parce qu'elle était le terme nécessaire d'une marche progressivement accomplie par les sociétés européennes, dont la nôtre a toujours été l'avant-garde; mais je ne pensais pas que son avénement dût être si proche. Surpris par ce fait, qui, à cause de sa soudaineté même, pourrait être regardé comme providentiel, je l'ai accepté. Répudierais-je un enfant qui, par suite d'un accident survenu au sein de sa mère, naîtrait avant le neuvième mois? Au contraire, plus sa venue prématurée m'inquiéterait sur ses premiers jours, plus je veillerais attentivement sur son berceau. Vous aussi, mes concitoyens, vous n'attendiez pas sitôt la République, si même vous l'attendiez; mais vous vous êtes ralliés à elle quand elle fut sortie vivante de la monarchie morte, et vous avez bien fait. Ce qu'on a vaut mieux que ce qu'on n'a plus, et quelque chose est préférable à rien. Pour avoir été subite, votre adhésion n'est pas moins raisonnable ; car ce quelque chose est encore la patrie.

Or, il s'agit maintenant de consolider notre possession ou de l'affaiblir ; plus que cela, de la garder ou de la perdre, d'être ou de n'être plus la France, de vivre ou de mourir. Cette alternative est contenue dans la question de la présidence.

Si Louis Bonaparte est élu, le second terme de la prophétie de Sainte-Hélène s'accomplira : nous serons cosaques.

Quel est-il, enfin, ce candidat ? d'où vient-il ? L'avons-nous jamais vu, jamais entendu ? Où sont les bonnes paroles qu'il a dites, les belles choses qu'il a faites ? Quelque grande pensée le recommande-t-elle à notre admiration ? Il a plus de quarante ans : à cet âge on a fait ses preuves, où sont les siennes ? a-t-il un passé qui nous garantisse son avenir ?

Il a son nom.

Bien. Mais a-t-il vécu parmi nous ? Parlé-t-il français, seulement ? Connaît-il nos besoins, nos vœux, nos espérances ? A-t-il étudié notre malaise, et lui apporte-t-il un remède ? A-t-il dans ses mains notre salut ?

Il a son nom.

A la bonne heure. Mais a-t-il exhibé ses moyens de gouvernement? La pratique des affaires lui est-elle connue? Ce qu'on sait de lui permet-il d'espérer qu'il raffermira le crédit public ébranlé, qu'il assoiera solidement la propriété battue en brèche, qu'il rassemblera les éléments dispersés de l'industrie, qu'il rouvrira les sources taries du commerce, qu'il constituera enfin une société régulière, active et durable?

Il a son nom.

Son nom! Mais il n'a donc que cela? Et qu'est-ce que cela, depuis soixante ans? Ce n'est pas lui qui l'a fait, d'ailleurs; il l'a reçu. Et encore, l'a-t-il su porter? Comment a-t-il justifié son hérédité de hasard? A quoi auraient servi les combats livrés par nos pères aux priviléges de la naissance et leurs conquêtes sur les injustices du sort, si nous devions revenir à des superstitions tant de fois vaincues? Vous dites qu'il est du sang de l'Empereur; montrez-moi son portrait. C'est bien, je l'ai vu. S'il ressemble à quelqu'un, ce n'est sûrement à personne de la famille de Napoléon. Au reste, s'il est vrai qu'un fils ne soit pas toujours digne de son père, ne peut-on le craindre bien autrement d'un neveu vis-à-vis de son oncle? Ah! certes, je comprends le culte des souvenirs; je veux qu'on ait oublié les désastres pour ne garder que la mémoire des batailles gagnées, le despotisme pour ne se rappeler que les hardies créations, Waterloo à cause du rocher de l'exil; je m'attendris devant le vieux soldat de nos chaumes qui se console de son bras perdu par sa croix conquise; mais, plus je le vois en adoration devant l'astre d'Iéna et de Wagram, plus je sens que désormais il ne devra s'incliner que devant le soleil. Et le soleil, est-ce donc ce nouveau venu? Louis Bonaparte est-il donc ce colosse de gloire devant lequel tu te courberas, peuple de France? Partout où Dieu a déposé le germe du génie, il lui a donné la force de se produire, et j'attends encore que celui-ci éclate.

Mais si cet homme avait quelque intelligence, il voudrait d'abord se faire connaître à nous, il solliciterait notre confiance par d'honorables travaux, il s'efforcerait de nous donner des garanties. S'il avait quelque chose là, comme on dit, il ne voudrait pas de la présidence avant de l'avoir méritée. Qu'il daigne attendre quatre ans! les occasions ne lui manqueront pas de se montrer grand citoyen, bon citoyen seulement, nous ne lui demandons que cela. Il a la tribune, il a les services publics; qu'il parle et qu'il travaille! Ne sait-il pas que tout se gagne laborieusement sur cette terre? Avant de se faire proclamer empereur, Napoléon avait vaincu l'Europe.

Louis Bonaparte n'a donc pas d'amis? Non. Je n'entends bourdonner autour de son hypothétique fortune que de suspects courtisans. Je les connais. Ce sont les intrigants de tous les partis, ou plutôt, tous les intrigants sans parti; des hommes de tapage et de forfanterie, sans conviction, sans moralité, sans attachement, qui n'ont jamais porté les yeux au delà des nécessités ou des jouissances de la semaine; des hommes à expédients, perdus de plaisirs et de dettes; des compagnons de table; des oisifs et des besogneux; des aventuriers. Et déjà cette cohue s'est distribué les emplois, les grades, les faveurs, le droit de tous, notre patrimoine. Qui veut être ministre, ambassadeur, directeur général? Toutes les places sont données, mais on en créera d'autres. Soyons avertis seulement : si notre futur maître tient chacune de ses promesses, les budgets de vingt exercices ne suffiront pas à les payer. Mais, comme il ne les tiendra point, comme il ne pourra les tenir, que deviendront les mécontents qu'il aura faits? A-t-il un charme personnel pour les enchaîner à sa fortune toujours incertaine?

Passons sur cette idée décourageante qu'il n'est pas nécessaire d'avoir rendu des services ou donné des gages à son pays pour arriver à la suprême dignité; supposons Louis Bonaparte président. Pensez-vous qu'il appelle à lui les capacités éprouvées et les caractères sûrs? Mais qui consentira à répondre pour lui? Où est l'homme d'Etat, l'homme de cœur, l'homme d'esprit, l'homme de raison qui se fera sa caution devant l'Europe qui le connaît mieux que nous; devant l'Angleterre qui nous en a tracé de si tristes, de si burlesques portraits; devant l'Allemagne qui se demande avec étonnement si la France en serait là de n'avoir pas de meilleurs choix à faire? Non, le mérite et le talent ne viendront pas à lui, et il ne les appellera pas. Moins il est fort, plus il croit l'être : c'est le propre des faibles de ne point douter de soi. Il voudra gouverner. Et comment gouvernera-t-il avec une Assemblée à laquelle il est justement antipathique? Quels déchirements de chaque jour! Il la dissoudra? Mais la Constitution le lui défend. Qu'importe! Est-ce que les Constitution ne sont pas faites pour être violées ? Alors nous aurons donc un 18 brumaire ? Mais est-ce que ces choses là se font deux fois ? Parodier les actes les plus odieux de l'Empereur, n'est pas si facile que de prendre son habit vert ! Quelle pitoyable caricature serait M. Louis Bonaparte, mettant un jour son grand sabre à la place de la sonnette du président de l'Assemblée, écrivant sur la porte : « Appartement à louer ! » et s'écriant : « L'Etat, c'est moi ! »

Le voilà Empereur ! Est-ce cela que vous aurez voulu, malhonnêtes gens, et vous, pauvres hommes abusés ?

O malheureux peuple de dupes, triste nation française, chère patrie ! est-ce donc en expiation de tes grandeurs passées que tu veux te faire si petite aujourd'hui ? Toi, par qui de si victorieuses émotions ont remué nos âmes, veux-tu que nous pleurions sur tes destinées rompues ? Après avoir fait l'admiration du monde, tu vas donc lui servir de risée ? L'aînée des nations, tu vas donc te rendormir dans l'enfance, puis dans la mort? Il faut qu'un bien profond dégoût de toi-même ait envahi ton cœur pour que tu ailles te jeter à la tête de cet homme !

Président ou Empereur, Louis Bonaparte fera

la guerre, faute de savoir faire autre chose, et parce qu'il ne voudra pas ne rien faire. D'ailleurs, quand on s'appelle Bonaparte, il faut bien faire quelque chose pour justifier son nom. Et qui sait? quand M. Louis sera à la place de son oncle, les souvenirs d'Austerlitz l'empêcheront peut-être de dormir !

Certes nous admirons nos armées républicaines, notre armée impériale, et leur mission civilisatrice. Nous nous rappelons avec orgueil qu'elles ont semé par toute l'Europe les idées d'affranchissement nées de notre première révolution, et nous constatons avec une joie fraternelle que ces idées ont germé, qu'elles commencent à donner des fruits, et que des nations, jadis nos ennemies, sont aujourd'hui nos alliées. Mais, par cette raison même, les esprits les plus clairvoyants et les cœurs les plus chevaleresques ne tiennent plus pour possible une propagande à main armée. Socialement parlant, les épées de bataille et les vieux mousquets ne peuvent plus rien résoudre. Ne faisons pas ce que nos pères ont fait, justement parce qu'ils l'ont fait et bien fait. Est-ce que l'humanité est destinée à se recommencer perpétuellement? Les idées, aujourd'hui, se discutent, s'écrivent, s'impriment et vont pacifiquement jusqu'aux confins du monde qu'elles éclairent. Les peuples accomplissent eux-mêmes leur rénovation ; intervenir à leur aide par la guerre ne peut plus être qu'une sanglante inutilité.

Et cependant, plutôt que de ne la point faire, Louis Bonaparte jetterait aux vents la poudre de nos canons.

J'ai idée qu'il voudra faire présent à la France de cette fameuse frontière du Rhin dont on a plus parlé qu'elle ne vaut. Mais cette prétention, qui a été longtemps un de nos préjugés, est contre toute justice et contre toute raison. Les provinces qui bordent le fleuve sont allemandes par le langage et par les mœurs ; là, plus que dans tout le reste de la confédération, la nationalité est vivace et le libéralisme éclairé ; là résident tous les souvenirs et se racontent toutes les légendes patriotiques ; là est le foyer d'une prochaine régénération pour la vieille Germanie. Une imprudente tentative d'invasion nous aliénerait des sympathies intelligentes qui sont d'un bien autre intérêt que quelques lieues de terrain impossibles à garder.

Si ce n'est point là qu'il porte une guerre impolitique et pleine de périls, Louis Bonaparte cherchera un autre champ de combat. Peut-être ira-t-il, poussant la parodie jusqu'à son dernier terme, conquérir des trônes pour ses cousins !

Mais avec quels éléments fera-t-il la guerre ? Il trouvera peut-être des soldats, il en trouvera dans les fils du laboureur ou de l'artisan dont les cadavres sont les marchepieds pour ainsi dire naturels de tous les ambitieux. Mais où prendra-t-il de l'argent ? Triplera-t-il les impôts déjà si lourds ? Ce serait exciter une insurrection. Il est riche, dit-on, par lui-même ? On ment ; il a dépensé sa fortune pour être empereur ; il ne lui en reste point pour ses sujets. Sa famille l'aidera ? Elle n'a plus rien. Il frappera des contributions sur l'ennemi ? Mais, encore un coup, où est-il, l'ennemi ? Au contraire, tous les peuples nous aiment, et ils ne se retireront de nous que le jour où nous leur donnerons le droit de nous mépriser, et ce jour sera celui où nous appellerons à notre tête un écervelé qui a déjà fait rire toute l'Europe. Des contributions sur l'ennemi ! Mais il faut le vaincre d'abord, et au nom de quelles idées le combattre, dans quel intérêt, au profit de qui ? Et ses généraux, où Louis Bonaparte les prendra-t-il ? Les illustres capitaines qui ont servi un empereur plein de gloire serviront-ils cet empereur de parade ? Pourra-t-il compter sur nos officiers d'Afrique ? Mais il est un drapeau plus noble, tenu plus haut et plus ferme, troué déjà en vingt batailles, auquel ils se rallieront toujours. Napoléon a pu entraîner dans l'Empire les généraux de la République, et en improviser d'autres par la contagion de son exemple. Mais lui ! où est son siége de Toulon ? Où sont ses deux campagnes d'Italie et sa campagne d'Egypte ?

Je ne parle pas de la tyrannie à l'intérieur : c'est le résultat nécessaire de la dispersion extérieure des forces ; ce qu'on ne peut plus surveiller, on le réprime violemment. Et plus faible sera l'intelligence du despote, plus dur sera son despotisme. Encore n'aura-t-il raison de rien : je le montrerai tout à l'heure.

A part ceux dont le fanatisme pour un nom est aussi déraisonnable que mal justifié, savez-vous quels hommes porteront Louis-Bonaparte à la présidence, et de là à l'empire?

Ce sont d'abord ces affairés de tous les régimes qui, appréciant la nullité du prétendant, espèrent l'exploiter au profit de leurs intérêts et gouverner à son ombre. Sous ce dernier rapport, ils se trompent. Mais consentirons-nous à être les victimes de leur vaine expérience ?

Viennent ensuite les amants platoniques et

vénérables de l'ancienne monarchie française qui, voyant une hérédité reconstituée sans titre, l'appuieront pour se donner le droit de présenter à un moment donné un prince dont la légitimité est moins contestable. L'enfantement de l'empire sera laborieux, pensent-ils, et, dans l'aveuglement de la crise, nous substituerons notre roi à l'empereur mort-né.

Quelques-uns, c'est triste à dire, voteront pour Louis Bonaparte, non parce qu'ils l'estiment, mais pour punir la France d'avoir accepté la révolution de février ou pour se venger du nouveau gouvernement qui ne les a pas nommés ministres. Périsse la nation ! mais notre haine est immortelle : voilà le dernier mot de leur patriotisme.

D'autres, et c'est le plus grand nombre, ne voyant qu'une autorité artificielle dans ce président républicain ou impérial qui ne serait pas l'œuvre de lui-même, poussent à une nomination qui sera pour eux le signal de leurs derniers débordements. C'est à leurs suffrages que Louis Bonaparte a dû d'être nommé représentant à Paris. Il ne dépendra pas de leur concours qu'il ne soit élu chef de l'État. C'est un prologue en deux actes, le drame viendra ensuite. Sans doute il est tel homme parmi eux auquel ils déféreraient plus volontiers le pouvoir ; mais l'éducation publique n'est pas encore faite, disent-ils, nous achèverons notre œuvre sous le règne de cette majesté postiche. Les antipathies, les mécontentements, les répugnances qui se rencontreront dans le monde officiel lui-même, le découragement des républicains modérés et sincères, l'humiliation des anciens partis, la moquerie des étrangers, ils exploiteront tout. Ce que vous avez vu et entendu des révolutionnaires de Paris ne sera rien au prix de ce que vous verrez et entendrez. Qui me répond que leurs journées de juin ne recommenceront pas le lendemain même de la proclamation du président ? Et savez-vous où elles s'arrêteront cette fois ? Unis dans un même effort contre un pouvoir sans base et pour un pouvoir sans frein, se faisant une arme de l'indifférence des uns et donnant ouverture aux espérances des autres, ils auront bientôt fait les ténèbres où les électeurs de Louis Bonaparte auront cru porter la lumière, et c'est dans cette sombre nuit qu'ils frapperont leur dernier coup.

Nous nous porterons à Paris comme nous l'avons fait il y a cinq mois, et, dussions-nous tuer jusqu'au dernier homme de ses faubourgs, nous destituerons enfin cette incorrigible ville de son titre de capitale : voilà ce que vous vous dites, et vous avez montré qu'il n'était point permis de douter de votre courage. Mais ici intervient la question de la décentralisation : question grave qui ne se traite pas en quelques heures, et dont la solution, quelle qu'elle soit, ne peut entrer dans la pratique du jour au lendemain.

Nous nous porterons à Paris! Certes, oui, nous le voudrons; mais le pourrons-nous? Ignorez-vous donc que toutes les sectes anarchiques, de quelque nom qu'elles se décorent, ont envoyé des agents dans nos villes et jusque dans nos campagnes; qu'à la première nouvelle de notre départ ces agents sortiront de leur ombre, et que l'excès de leur audace suppléera à leur petit nombre? Telle est la dernière résolution prise dans leurs conciliabules : nous occuper chez nous pour arrêter notre marche sur leur foyer principal. Je sais cela.

Abandonné à lui-même et à une force publique qu'il n'a jamais maniée, Louis Bonaparte empêchera-t-il que Paris ne soit mis à feu et à sang, les pouvoirs publics envahis, ou dissous, ou condamnés à se taire? Empêchera-t-il que les contre-coups de cette lutte n'aillent retentir jusque dans nos départements les plus éloignés? Faudra-t-il que la France se demande chaque soir ce qu'elle sera le lendemain? Se figure-t-on bien un pays où se croisent, se heurtent d'abord, puis s'allient pour s'entretuer ensuite, toutes les doctrines, toutes les utopies, les plus désorganisatrices, les plus folles, les plus impossibles, sous un fantôme d'autorité?

Voilà la guerre civile allumée! que ce soit en décembre, que ce soit en janvier, elle est fatale. Joignez à cela la guerre extérieure, et je vous réponds qu'il sera fait assez de sottises, assez d'imprudences au moins, pour qu'elle ne soit pas douteuse; songez à l'accord nécessaire de l'Europe pour arrêter ce débordement sauvage et peut-être contagieux; songez aux facilités d'envahissement offertes par un peuple qui se plonge de lui-même dans la barbarie, et dites-moi si en effet nous ne touchons pas à une réalisation prédite, osez jurer que, sous le règne du neveu, nous ne serons pas ces Cosaques que l'oncle a prophétisés.

A l'en croire, il est homme d'ordre. L'ordre! Mais avant même que nous le connussions, il l'avait troublé deux fois. Se persuade-t-il que nous avons oublié ses tentatives de Strasbourg et de Boulogne? Son aigle mort et son aigle vi-

vant, son petit chapeau, ses domestiques dé-
guisés en soldats, ses mascarades, ses procla-
mations, son échec au milieu d'un immense
éclat de rire : voilà le côté ridicule de ses deux
équipées, c'est par là qu'il a prouvé qu'il n'a-
vait pas même un peu d'esprit. Le titre d'Empereur usurpé, un coup de pistolet tiré à bout
portant sur un noble capitaine, un brave gre-
nadier blessé de sa main, quelques hommes en-
traînés, jugés et condamnés, une grâce hum-
blement acceptée pour lui-même et si mal
reconnue, sa parole donnée et violée : voilà le
côté odieux de sa double aventure, et c'est là
ce qui fait justement douter de son cœur. Le
voyez-vous, ce conquérant inconnu, assis à la
proue du paquebot de Boulogne ou monté sur
les remparts de Strasbourg, et contemplant
fièrement la France comme sa proie! Est-ce
bien ce même gentleman, dont les danseuses
de Londres se disputaient les bonnes grâces,
qui, le casque en tête, la lance au poing, les
couleurs de sa dame à la boutonnière, chevau-
chait au tournoi d'Eglington, et dont les proues-
ses mondaines ne se sont un peu modérées que
devant le regard vainqueur du grand-duc de
Russie? Un fier apprentissage de l'empire!
qu'en pensez-vous ?

Prendriez-vous le premier venu, vous, notaire, pour gérer votre étude ; vous, laboureur, pour administrer votre ferme ; vous, négociant, pour tenir votre comptoir ; vous, banquier, pour faire votre caisse ? Assurément, non ; et encore moins le prendriez - vous si vous le saviez léger, étourdi, prodigue et brouillon. Or, ce que vous ne voudriez pas faire pour vous, le voudrez-vous faire pour la commune patrie ? Vous tous, bourgeois, qui avez fait lentement votre chemin, qui, à force de travail, de courage et de patience, avez vous-mêmes et à vous seuls créé votre position, qui, avant d'être les maîtres de la France, l'avez fortifiée par vos services et éclairée par vos œuvres ; vous, ouvriers, qui faites chaque jour un pas vers la bourgeoisie et qui partagez tous ses droits, souffrirez-vous qu'une intrigue vous impose ce bourgeois suisse, ce constable anglais, qui n'a rien fait pour un tel honneur, qui, au contraire, a tout fait pour en être exclu ?

Au nom même de Napoléon, laissons à son parent dégénéré le loisir d'étudier la nation qu'il a voulu soumettre et qui un jour peut-être lui pardonnera son impertinence en considération de son repentir ! Au nom de Napoléon, habitants des campagnes, témoins encore vivants de sa gloire, enfants de ses compagnons d'armes, n'humiliez pas vos souvenirs en les plaçant sur une tête qu'il aurait désavouée !

Assez d'agitations. Le premier besoin de notre société, c'est le repos ; la première condition de son gouvernement, ce doit être l'honnêteté unie à la modération. S'il-est un homme qui ait servi la France avant sa révolution et qui la serve encore depuis, qui ait à la fois montré du courage dans les répressions nécessaires et de bonnes vues dans la préparation de l'avenir, qui ait fait appel à toutes les intelligences sérieuses et à tous les dévouements sincères, quelle que soit leur date et à quelque parti qu'ils aient d'abord appartenu ; si cet homme a fait voir, par sa conduite aux affaires, que la République pouvait concilier tous les intérêts, répondre à tous les besoins, coordonner et féconder les richesses nationales, imprimer une activité salutaire à des forces qui ne deviennent des éléments de désordre que parce qu'elles sont inoccupées ; s'il a montré que son drapeau était celui de la France et non celui d'un parti, cet homme est mon homme, et je lui donne ma voix.

Corbeil, le 10 novembre 1848.

UN RÉPUBLICAIN DU LENDEMAIN.

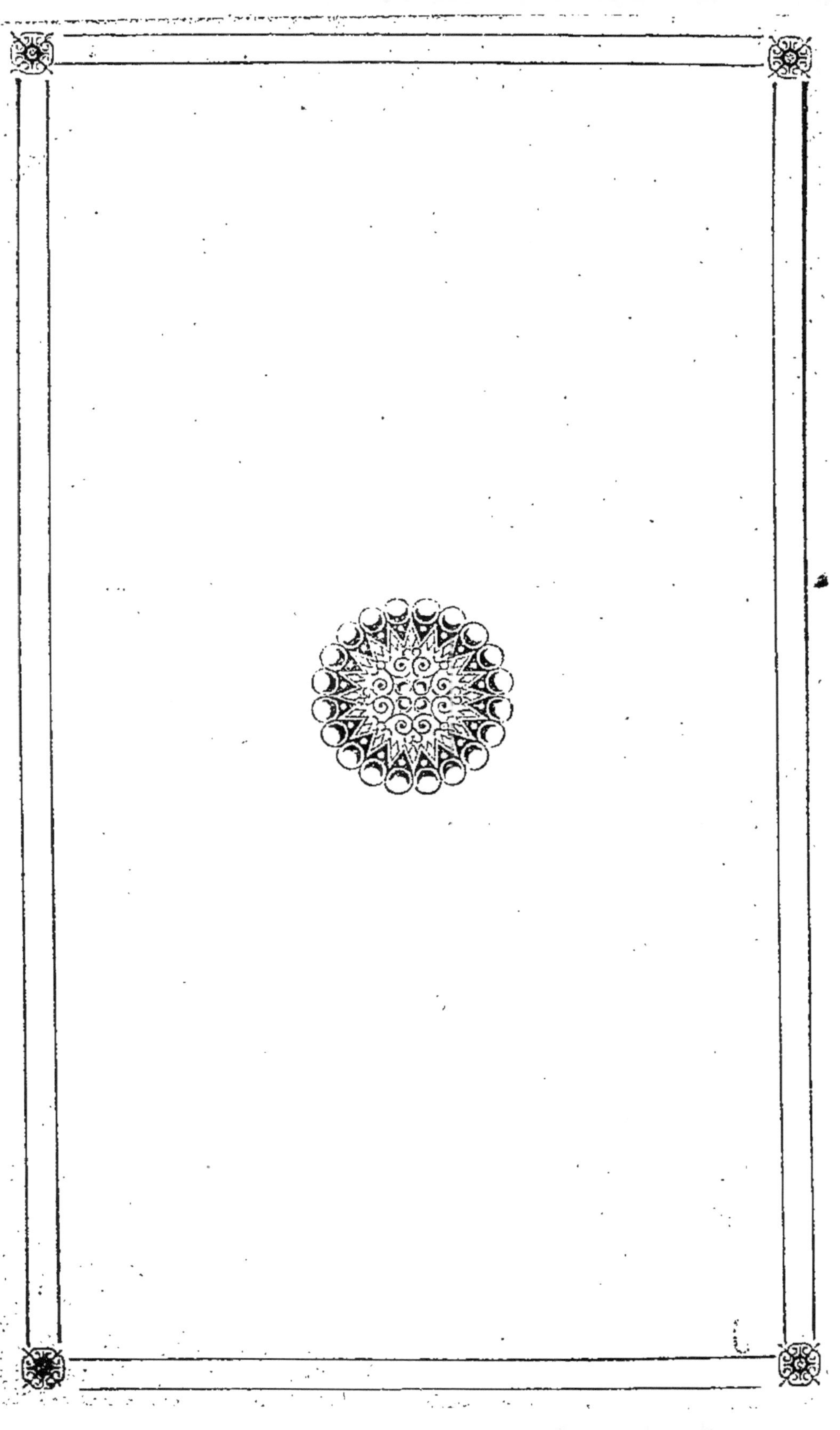